BEI GRIN MACHT SICH IHR WISSEN BEZAHLT

Udo Rosowski

Arbeitsschutz und Belastungen bei geringfügigen Beschäftigungsverhältnissen (Mini-Jobs)

Analyse einer Beschäftigten-Befragung in NRW

GRIN Verlag

Bibliografische Information der Deutschen Nationalbibliothek:

Die Deutsche Bibliothek verzeichnet diese Publikation in der Deutschen National-
bibliografie; detaillierte bibliografische Daten sind im Internet über http://dnb.d-
nb.de/ abrufbar.

Impressum:

Copyright © 2008 GRIN Verlag GmbH
Druck und Bindung: Books on Demand GmbH, Norderstedt Germany
ISBN: 978-3-638-91401-7

Dieses Buch bei GRIN:

http://www.grin.com/de/e-book/86872/arbeitsschutz-und-belastungen-bei-gering-
fuegigen-beschaeftigungsverhaeltnissen

GRIN - Your knowledge has value

Der GRIN Verlag publiziert seit 1998 wissenschaftliche Arbeiten von Studenten, Hochschullehrern und anderen Akademikern als eBook und gedrucktes Buch. Die Verlagswebsite www.grin.com ist die ideale Plattform zur Veröffentlichung von Hausarbeiten, Abschlussarbeiten, wissenschaftlichen Aufsätzen, Dissertationen und Fachbüchern.

Besuchen Sie uns im Internet:

http://www.grin.com/

http://www.facebook.com/grincom

http://www.twitter.com/grin_com

Arbeitsschutz und Belastungen bei geringfügigen Beschäftigungsverhältnissen (Mini-Jobs)

Analyse einer Beschäftigten-Befragung in NRW

Udo Rosowski

Inhalt:

Zusammenfassung:

Die Anzahl der geringfügigen Beschäftigungsverhältnisse ist stark gestiegen. Vor dem Hintergrund der Tatsache, dass geringfügig Beschäftigte gegenüber den in einem Regelarbeitsverhältnis stehenden Beschäftigten eine wesentlich geringere Zeit in den Betrieben anwesend und hierdurch möglicherweise nicht vollständig in die betriebliche Organisation eingebunden sind stellt sich die Frage, ob hierdurch Defizite hinsichtlich der Anforderungen des Arbeits- und Gesundheitsschutzes bei der Arbeit vorliegen könnten. Nach der Befragung wird deutlich, dass der Arbeitsschutz in diesen Beschäftigungsverhältnissen zum Teil deutliche Defizite aufweist. Zudem ist den Beschäftigten nicht vollständig bewusst, dass auch für Sie die Arbeitsschutzvorschriften gelten.

Summary:

The quantity of temporary workers and low budget workers is raising very much. Given the fact that the employees in a low budget working relationship are much shorter time present at business than regularly working employees and they may not be fully operational involved in the organization, the question is whether deficits in terms of the requirements of work and health and safety at work are available. The survey shows that the occupational safety and health by this employment exhibit some significant gaps. Moreover, the employees are not fully aware that the health and safety regulations apply to them, too.

Ausgangslage:

Zu Beginn des Jahres 2003 sind die "Gesetze für moderne Dienstleistungen am Arbeitsmarkt"[1] als Teil der so genannten Hartz-Gesetze[2] in Kraft getreten. Sie

---

[1] Zweites Gesetz für moderne Dienstleistungen am Arbeitsmarkt vom 23.12.02 (BGBl. 2002, S. 4621)
[2] Im Februar 2002 berief der Bundeskanzler Gerhard Schröder die Kommission "Moderne Dienstleistungen am Arbeitsmarkt". Voraus gegangen waren Probleme in der Bundesanstalt für Arbeit und den regionalen Arbeitsämtern, die sich unmittelbar negativ am Arbeitsmarkt auswirkten. 15 Persönlichkeiten aus Politik,

beinhalten unter anderem Neuregelungen zu den geringfügigen Beschäftigungen, den so genannten Minijobs. Die Neuregelungen für die geringfügigen Beschäftigungen gelten seit dem 1. April 2003. Seitdem hat die Zahl der Mini-Jobs stark zu genommen.

Im Auftrag des damaligen Ministeriums für Wirtschaft und Arbeit des Landes Nordrhein-Westfalen[3] hat die Landesanstalt für Arbeitsschutz des Landes Nordrhein-Westfalen eine repräsentative Umfrage zur Arbeitswelt NRW 2004[4] durch die Fa. EMNID durchführen lassen. Auf die Erhebungsmethode, Design etc. der Befragung wird hier nicht weiter eingegangen sondern auf die angegebene Quelle verwiesen.

Zur Frage des Arbeitsverhältnisses gaben bei der Befragung 69,5 % der Befragten an, in einem Vollzeit-Arbeitsverhältnis zu stehen. 19 % standen in einem Teilzeit-Arbeitsverhältnis und 11,3 % und somit gut jeder Zehnte gaben an, einer geringfügigen Beschäftigung nach zu gehen.

Dem gegenüber standen allerdings lt. Mikrozensus[5] in NRW 5.642 Tsd. Erwerbstätige in einem Vollzeit-Arbeitsverhältnis und rd. 1.678 Tsd. Erwerbstätige[6] hatten einen Mini-Job. Die Ergebnisse der Umfrage und die amtliche Statistik liegen hier weit auseinander.

Nach der amtlichen Statistik kommen damit im Juni 2004 auf 10 Vollzeit-Arbeitskräfte bereits 3 Mini-Jobber.

Die Erhebung sollte vor allem die Frage beantworten, ob die Belange des Arbeits- und Gesundheitsschutzes in Betrieben bei den dort Beschäftigten ausreichend gewährleistet sind. In dieser Auswertung soll dagegen speziell auf die Ergebnisse in Bezug auf die geringfügig Beschäftigten näher eingegangen werden.

Unabhängig von Art und Umfang der Beschäftigung gelten die Vorschriften und Regelungen zum Gesundheitsschutz bei der Arbeit grundsätzlich für alle

---

Wirtschaft, Gewerkschaften und Wissenschaft haben gemeinsam versucht, eine neue Ordnung für den Arbeitsmarkt zu entwerfen.
[3] Heute: Ministerium für Arbeit und Gesundheit des Landes Nordrhein-Westfalen
[4] Ministerium für Arbeit und Gesundheit NRW: Arbeitswelt NRW 2004, Ergebnisse einer repräsentativen telefonischen Befragung von Arbeitnehmerinnen und Arbeitnehmern in NRW im Zeitraum 02.01.-31.01.2004
[5] LDS NRW, Sonderauswertung des Mikrozensus 2004 für NRW
[6] Minijob-Zentrale: Bilanzbericht für das 2. Quartal 2004

Beschäftigten gleichermaßen. Dies ergibt sich u.a aus Richtlinie 89/391/EWG[7], die Anwendung auf alle privaten oder öffentlichen Tätigkeitsbereiche mit Ausnahme bestimmter spezifischer Tätigkeiten im öffentlichen Dienst oder bei den Katastrophenschutzdiensten findet. Diese wurde mit Richtlinie 91/383/EWG[8] ausdrücklich auf befristete und prekäre Arbeitsverhältnisse ausgeweitet. Daneben gibt es weitere einschlägige Rechtsakte der Europäischen Union, auf deren Aufzählung in diesem Zusammenhang verzichtet wird.

Das nationale Recht hat diesen übergeordneten Rechtsakten zu entsprechen.

Danach ist der Arbeitgeber verpflichtet:

- für die Sicherheit und den Gesundheitsschutz der Arbeitnehmer in Bezug auf alle Aspekte, die die Arbeit betreffen, insbesondere entsprechend den in der Richtlinie festgehaltenen allgemeinen Grundsätzen der Gefahrenverhütung, zu sorgen, ohne dass den Arbeitnehmern dadurch Kosten entstehen;
- die berufsbedingten Gefahren zu beurteilen, u. a. bei der Auswahl der Arbeitsmittel und der Gestaltung der Arbeitsplätze, sowie die mit Schutzmaßnahmen und Maßnahmen der Gefahrenverhütung beauftragten Dienste einzurichten;
- eine Liste der Arbeitsunfälle zu führen und Arbeitsunfallberichte auszuarbeiten;
- die Maßnahmen zu treffen, die zur ersten Hilfe, Brandbekämpfung und Evakuierung der Arbeitnehmer bzw. bei einer ernsten und unmittelbaren Gefahr erforderlich sind, zu treffen;
- die Arbeitnehmer zu unterrichten, sie anzuhören und ihre Beteiligung bei allen Fragen betreffend die Sicherheit und die Gesundheit am Arbeitsplatz zu ermöglichen;

---

[7] Richtlinie 89/391/EWG des Rates vom 12. Juni 1989 über die Durchführung von Maßnahmen zur Verbesserung der Sicherheit und des Gesundheitsschutzes der Arbeitnehmer bei der Arbeit
[8] Richtlinie 91/383/EWG des Rates vom 25. Juni 1991 zur Ergänzung von Maßnahmen zur Verbesserung der Sicherheit und des Gesundheitsschutzes von Arbeitnehmern mit befristetem Arbeitsverhältnis oder Leiharbeitsverhältnis

- dafür zu sorgen, dass jeder Arbeitnehmer eine ausreichende und angemessene Unterweisung in Fragen der Sicherheit und des Gesundheitsschutzes während der Arbeitszeit erhält;
- Besonders gefährdete Risikogruppen müssen gegen die speziell sie bedrohenden Gefahren geschützt werden.

Die Umsetzung des Arbeitsschutzes in den Betrieben ist jedoch weitgehend unbekannt. Defizite bei geringfügig Beschäftigten und Arbeitgebern werden vermutet. Die Zunahme der geringfügigen Beschäftigungsverhältnisse nach den erleichterten Bedingungen für die Arbeitgeber im Rahmen der Hartz-Gesetzgebung lässt es angezeigt erscheinen zu untersuchen, ob und wie Arbeitsschutzmaßnahmen in Unternehmen implementiert sind.

Ergebnisse zu einzelnen Faktoren:

Nachstehend werden zunächst die Ergebnisse der Befragung zu den drei herausragenden Faktoren „Physische und psychische Belastungen", „Auswirkungen auf die Gesundheit" und „Gesundheitsschutz am Arbeitsplatz" in Bezug auf geringfügige Beschäftigungsverhältnisse (Mini-Jobs) dargestellt.

Physische und psychische Belastungen

Bei der Frage nach der Mehrfach-Belastung geben lediglich 4,3 % der befragten männlichen Mini-Jobber an, durch Job, Haushalt u.a. doppelt belastet zu sein. Demgegenüber wiesen aber 41,8 % der weiblichen Mini-Jobber auf eine entsprechende Mehrfachbelastung hin. Bei den Vollzeitarbeitskräften gaben 19 % der Frauen sowie der Männer eine Mehrfachbelastung an.

Bei der Frage zu Lärm, schmutziger oder körperlich schwerer Arbeit lagen dagegen die Werte bei den männlichen Mini-Jobbern deutlich über denen der weiblichen Beschäftigten.

43,5 % der Männer fühlten durch Lärm belastet (etwas, ziemlich, stark). Durch schmutzige Arbeit fühlten sich 41,3 %, durch schwere körperliche Arbeit 39,1 % der

Männer belastet. Bei der Frage nach schmutzigen Arbeitsbedingungen fühlten sich deutlich mehr Mini-Jobber (41,3%) als Vollzeit- (33,3%) oder Teilzeitkräfte (30 %) belastet.

Bei den Frauen waren die Werte deutlich geringer und wiesen gegenüber den Vollzeit- oder Teilzeit-Kräften keine nennenswerten Abweichungen auf.

Bei den körperlichen Zwangshaltungen wurden die Belastungen sowohl bei Männern als auch bei Frauen gegenüber den Voll- und Teilzeit-Beschäftigten insgesamt zwar um etwa 10 Prozentpunkte niedriger angegeben.

Immerhin fühlen sich aber auch hier rd. 39 % der Mini-Jobber belastet.

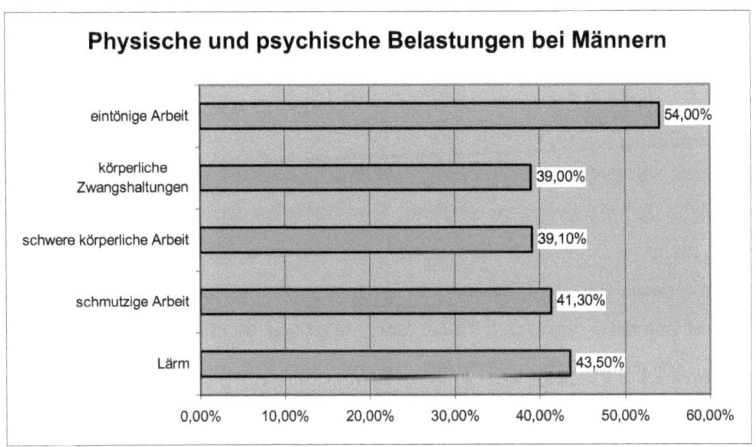

Abbildung 1 : Belastungen bei männlichen geringfügig Beschäftigten (eigene Darstellung)

Durch die Gesundheit beeinträchtigende Stoffe sowie lange Anfahrtswege fühlten sich insgesamt deutlich mehr Männer als Frauen belastet. Die höchsten Werte lagen hier bei den Vollzeit-Beschäftigten Männern, lediglich 20 % der Frauen mit Mini-Job fühlten sich durch lange Anfahrtswege in irgendeiner Weise beeinträchtigt.

Eine Infektionsgefahr fürchten Mini-Jobber eher wenig.

Einen Unfall bzw. eine Absturzgefahr befürchteten dagegen die Mini-Jobber im höheren Ausmaß als Voll- oder Teilzeitkräfte. Fühlten sich männliche Mini-Jobber eher etwas belastet, lagen die Werte bei den Frauen bei den starken und ziemlich starken Belastungen deutlich höher als bei den weiblichen Vergleichsgruppen.

Auch durch klimatische Bedingungen fühlen sich Frauen mit einer geringfügigen Beschäftigung (21,9% ziemlich oder stark belastet) erheblich mehr beeinträchtigt als Voll- oder Teilzeit-Kräfte.

Durch ungünstige Arbeitszeiten fühlen sich Mini-Jobber dagegen deutlich weniger belastet als Voll- oder Teilzeit-Beschäftigte.

Allerdings fühlen sich die geringfügig Beschäftigten durch eintönige Arbeit oder Monotonie in weit größerem Ausmaß belastet als in anderen Arbeitsverhältnissen. Rund 17 % der Männer und Frauen fühlten sich hier ziemlich oder stark belastet. Sogar 37 % der Männer gegenüber 20,7 % der Frauen fühlen sich zudem etwas belastet.

Demgegenüber fühlen sich Minijobber durch komplizierte Tätigkeiten oder Überforderung durch Arbeitsmenge erheblich weniger belastet.

Eine überdurchschnittlich starke Belastung durch Unterforderung ist bei weiblichen geringfügig Beschäftigten zu beobachten.

Hoher Zeitdruck ist gegenüber anderen Faktoren offenbar insgesamt ein hoher Belastungsfaktor. Im Vergleich zu anderen Beschäftigten sind die Werte bei den Mini-Jobbern niedriger, erreichen aber sowohl bei Männern als auch bei Frauen rd. 20 % bei den starken und ziemlich starken Belastungen. Die gleiche Tendenz zeigt sich insgesamt bei der Frage nach hoher Verantwortung. Auch hier sind die Werte bei den Mini-Jobbern tw. geringer, erreichen bei den Frauen und Männern aber dennoch Werte von ca. 30 % (ziemlich oder stark belastet).

Hohe Werte erreicht der Faktor ,Vorschriften, Kontrolle, mangelnde Handlungsspiel-räume' bei allen Beschäftigungs-Gruppen.

Sexuelle Belästigung, Mobbing, Ärger und Konflikte mit Kollegen oder Vorgesetzten, soziale Isolierung oder Probleme mit Computern spielen bei Mini-Jobbern eher keine Rolle.

Unterdurchschnittlich sind auch die Belastungen aus Angst wegen eines Arbeitsplatzverlustes.

Auffällig und überdurchschnittlich sind dagegen die Belastungen der männlichen Mini-Jobber durch Ärger und Konflikte mit Kunden und Patienten. Hier fühlen sich die Männer mit 26,7 % ziemlich oder stark belastet.

Auswirkungen auf die Gesundheit

Bei den Auswirkungen auf die Gesundheit wie Kopfschmerzen, Sehstörungen, Atemwegs- und Infektionserkrankungen sind die Belastungen bei den Vollzeit-Beschäftigten am höchsten und bei den Mini-Jobbern am geringsten.

Die Hauterkrankungen stellen aber bei den weiblichen Mini-Jobbern mit 13 % einen erheblichen Anteil dar.

Rücken- oder Gelenkbeschwerden sind bei Mini-Jobbern geringer als in anderen Beschäftigungsverhältnissen, werden aber mit hohen Werten von 45,7 % bei den Männern und 48,6 % bei den Frauen genannt.

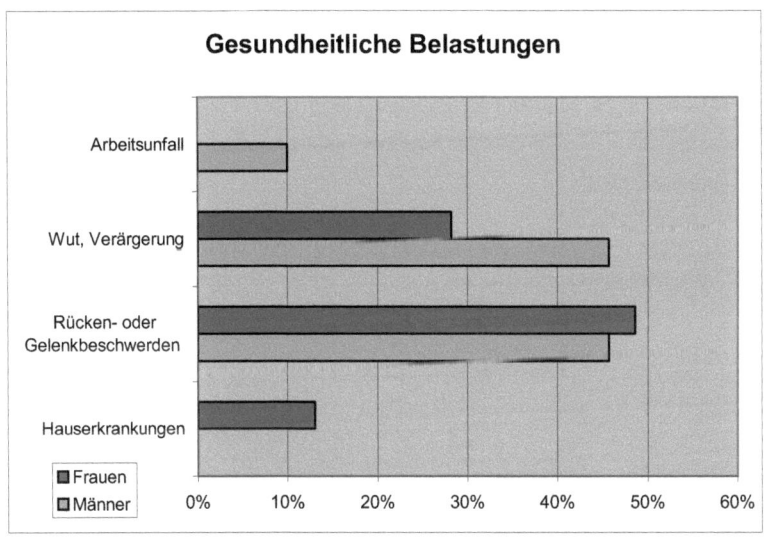

Abbildung 2: Gesundheitliche Belastungen bei Männern und Frauen (eigene Darstellung)

Die Folgen eines Arbeitsunfalls befürchten 10 % der männlichen Mini-Jobber, bei den Frauen hingegen erfolgte keine Nennung.

Auch beim Faktor ‚Wut, Verärgerung' sind bei den Mini-Jobbern erhebliche geschlechtsspezifische Unterschiede fest zu stellen. Bei den Männern erfolgten Nennungen bei 45,7 % der Befragten, bei den Frauen nur bei 28,8%.

Schlafstörungen, nicht abschalten können, Konzentrationsprobleme oder Einsamkeit stellen für Mini-Jobber nur ein geringeres oder gar kein Problem dar. Mini-Jobber sind erheblich weniger arbeitsunfähig als Voll- oder Teilzeit-Beschäftigte. Dabei weisen weibliche Mini-Jobber noch einen erheblich geringeren Krankenstand auf als die Männer.

Gesundheitsschutz am Arbeitsplatz

Ganz erhebliche Unterschiede gegenüber den Voll- und Teilzeitbeschäftigten sind in dem Komplex ‚Gesundheitsschutz am Arbeitsplatz' festzustellen.

28,3% der Männer und 15,8 % der Frauen mit Mini-Jobs antworteten auf die Frage nach dem Zustand von Sicherheitseinrichtungen mit ‚betrifft mich nicht'. Fast 10 % der Frauen kannte die Sicherheitseinrichtungen gar nicht.

Bei der Bereitstellung persönlicher Schutzausrüstung fühlten sich sogar 58,7 % der Männer und 50,7 % der Frauen als Mini-Jobber nicht betroffen und sogar 11 % der Frauen kannten keine PSA.

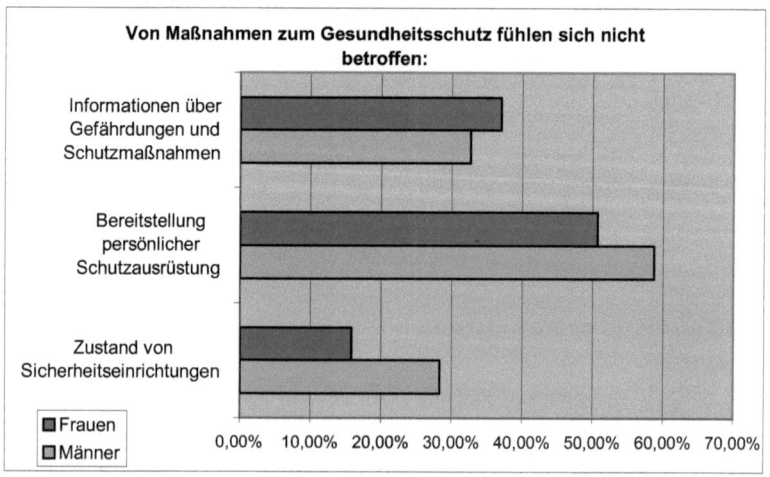

Abbildung 3: Anteil von Beschäftigten, die sich von Maßnahmen des Betriebes zum Gesundheistsschutz nicht betroffen fühlen

Auch von Informationen des Betriebes über Gefährdungen und Schutzmaßnahmen fühlten sich 32,6 % der Männer und 37 % der Frauen nicht betroffen. 15,2 % bzw. 14,4 % kannten diese Informationen nicht.

Noch erheblicher sind die Defizite bei der Kenntnis einer betriebsärztlichen Betreuung, der Betreuung durch Sicherheitsfachkräfte und der Durchführung von Vorsorgeuntersuchungen. Teilweise fühlten sich Mini-Jobber mit weit über 50 % der Befragten als nicht betroffen. Bis zu 34,8 % der Mini-Jobber kannten keine betriebsärztliche Betreuung. Bei den Voll- und Teilzeitkräften waren die Anteile wesentlich geringer.

Fühlen sich Vollzeit- und Teilzeitkräfte von den Arbeitgebern überwiegend eher gut informiert, fallen die Werte bei den geringfügig Beschäftigten zum Teil dramatisch ab. Bei der Frage nach Vorsorgeuntersuchungen fühlen sich nur 13, 4% der weiblichen und 8, 7% der männlichen geringfügig Beschäftigten eher gut informiert. Zwar liegen die Werte bei der Ausprägung ‚eher schlecht informiert' bei den Mini-Jobbern bei den meisten Faktoren (Ausnahme ‚Zustand von Sicherheitseinrichtungen) ebenfalls unter den Werten der Voll- und Teilzeitbeschäftigten. Dies ist aber auch nahe liegend, da sich wie oben gezeigt die meisten geringfügig Beschäftigten von den Fragen nach dem Gesundheitsschutz am Arbeitsplatz nicht betroffen fühlen und somit eine Information auch gar nicht erwarten.

Gesamtergebnis:

Die Arbeitnehmerinnen und Arbeitnehmer wurden bei der EMNID-Umfrage u.a. zu ihrer Einschätzung zu den Bereichen physische und psychische Belastungen, Auswirkungen auf die Gesundheit und Gesundheitsschutz am Arbeitsplatz befragt. Bei der Frage zu den Auswirkungen auf die Gesundheit standen 22 Beeinträchtigungen zur Auswahl die als zutreffend genannt werden konnten, bei den Items zu physischen und psychischen Belastungen konnte jeweils zwischen den Ausprägungen nicht / etwas / ziemlich und stark belastet ausgewählt werden und bei den Fragen zum Gesundheitsschutz zwischen 'gut -' / 'eher schlecht informiert', 'betrifft nicht' und 'kenne ich nicht'.

Bei den Fragen zu den Auswirkungen auf die Gesundheit wurden von Mini-Jobbern bei den meisten Beeinträchtigungen erheblich weniger Nennungen vorgenommen als von Voll- oder Teilzeitkräften. Mit wenigen Ausnahmen werden hier die Belastungen gegenüber den Gruppen der Voll- und Teilzeitbeschäftigten somit geringer eingeschätzt. Bei den Männern fällt allerdings auf, dass hier gegenüber den Teilzeitbeschäftigten bei wesentlich mehr Belastungsarten höhere Werte als bei den männlichen Vollzeit- und den weiblichen Voll- bzw. Teilzeit-Beschäftigten erreicht werden.

Bei den Fragen zu den physischen und psychischen Belastungen erreichen geringfügig Beschäftigte schon bei einem deutlich höheren Anteil der Fragen höhere Werte als die Voll- und Teilzeitkräfte. Aber auch in den Fällen, in denen die gB niedrigere Werte erreichen sind die jeweiligen Werte mit einer ziemlich oder starken Belastung erheblich. Auffällig ist, dass gerade gegenüber den Teilzeitkräften die gB bei der Mehrzahl der Fragen angeben, stark belastet zu sein. Die männlichen Mini-Jobber fühlten sich bei 15 Items deutlich stärker belastet als die männlichen Teilzeitkräfte, nur bei 10 Items fühlten sie sich etwas geringer belastet.

Bei den Fragen zum Gesundheitsschutz am Arbeitsplatz fühlten sich die geringfügig Beschäftigten gegenüber den Voll- oder Teilzeitkräften überwiegend nicht betroffen. Dies trifft vor allem auch für die Bereitstellung persönlicher Schutzausrüstung zu. Im gleichen Umfang gaben die Beschäftigten in einem geringfügigen Beschäftigungs-verhältnis an, Vorschriften zum Arbeits- und Gesundheitsschutz oder

Sicherheitseinrichtungen nicht zu kennen. Die geringfügig Beschäftigten zeigten sich erheblich weniger gut durch ihren Arbeitgeber informiert als die Teilzeit- oder Vollzeitbeschäftigten.

Beurteilung:

Entgegen der Umfrage zur Arbeitswelt NRW 2004 stehen tatsächlich weitaus mehr Erwerbstätige in einem geringfügigen Beschäftigungsverhältnis. Eine Ursache könnte sein, dass die Befragten, die neben ihrer Hauptbeschäftigung eine weitere geringfügige Beschäftigung[9] ausüben, diese hier nicht angegeben haben. Die Tendenz ist nach den aktuell vorliegenden Daten weiter zunehmend. Bereits gegenüber dem 2. Quartal 2004 hatte die Zahl der Beschäftigten mit Minijobs in NRW bereits im 3. Quartal erneut um 2,4 % zu genommen, die Zahl der Beschäftigten im Haushaltsscheck-Verfahren sogar um 31,8 %[10]. Dabei sind nach Einschätzung der Mini-Job-Agentur gerade diese haushaltsnahen Beschäftigungen immer noch nicht vollständig gemeldet.

Da durch die geänderte Rechtslage für 400,-- Euro-Jobs seit März 2003 auch mehrere geringfügige Beschäftigungen nebeneinander ausgeübt werden dürfen, liegt die Zahl der Beschäftigungsverhältnisse noch höher. Inzwischen hat die Zahl der geringfügigen Beschäftigungsverhältnisse trotz der pauschalen Anhebung des pauschalen Abgabensatzes von 25% auf 30%[11] und damit der Tatsache, dass die Abgaben der Minijobber an Renten- und Krankenversicherung (15% bzw. 13%) sich damit dem Niveau der sozialversicherungspflichtigen Beschäftigungsverhältnisse (19,5% bzw. durchschnittlich 13,3%) annähern und

speziell in der Krankenversicherung bereits über den Beitragssätzen preiswerter gesetzlicher Kassen lagen[12], weiter stark zugenommen.

Zum 30. September 2007[13] verzeichnet die Minijob-Zentrale einen Bestand von über 6,6 Millionen geringfügig Beschäftigten.

Nach dem Gutachten des RWI arbeitet die Mehrheit der geringfügig Beschäftigten im Schnitt bis zu 30 Stunden im Monat, wobei etwa 33% der Minijobber durchschnittlich 16 bis 30 Stunden im Monat in ihrem Minijob beschäftigt sind. Etwa die Hälfte aller

---

[9] Gerade diese Möglichkeit der ‚steuerfreien' Nebenbeschäftigung wurde durch die Gesetzesänderung eingeführt

[10] Minijob-Zentrale: Quartalsbericht für das 3. Quartal 2004

[11] Haushaltbegleitgesetz 2006

[12] Minijob-Zentrale – Entwicklung und Status quo der geringfügigen Beschäftigung, Greve/Pfeiffer/Vennebusch in: RVaktuell 3/2007

[13] Minijob-Zentrale: Quartalsbericht für das 3. Quartal 2007

14

Minijobber erzielen dabei einen Stundenlohn von 8 Euro oder mehr und fallen damit nicht mehr in den Niedriglohnbereich.[14]

Vor diesem Hintergrund sind aber mglw. auch die Anteilswerte zu Fragen, die mit der subjektiven Zufriedenheit einher gehen, einzuordnen. Geringfügig Beschäftigte fühlen sich nach den Ergebnissen der Befragung in diesen Bereichen grundsätzlich zufriedener und weniger belastet als Beschäftigte in anderen Arbeitsverhältnissen. So liegt es aber z.b. in der Natur des Arbeitsverhältnisses, dass geringfügig Beschäftigten ihre Arbeitsstelle in der Nähe des Wohnortes suchen, insoweit fallen auch weniger Belastungen durch lange An- oder Abfahrtswege an.

Es liegt auch Nahe, dass sich geringfügig Beschäftigten aufgrund ihrer Verweildauer im Betrieb bei den Auswirkungen auf die Gesundheit weniger beeinträchtigt fühlen, da sie diesen Belastungen wenn überhaupt nur kürzer ausgesetzt sind und wegen der kürzeren Einwirkzeit trotz einer tatsächlich vorliegenden Belastung keine Folgen befürchten. Insoweit ist auch weniger Zeit für das Entstehen von Konflikten mit Vorgesetzten und Kollegen oder es wird als nicht so belastend eingeschätzt. Die überaus niedrigen Werte bei dem Faktor ‚Arbeitsunfähigkeit' sind ebenfalls immanent. Trotz eindeutiger Rechtslage und Anspruch auf Lohnfortzahlung melden sich geringfügig Beschäftigten bei Arbeitsunfähigkeit idR nicht krank sondern verschieben die Tage ihres Arbeitseinsatzes[15]. Da geringfügig Beschäftigte mit ihrer Brutto-für-Netto-Vergütung[16] weitgehend nicht mehr dem Niedriglohn-Bereich zugeordnet werden können, mag auch die hieraus erwachsende grundlegende Zufriedenheit mit der Tätigkeit die Einschätzung und Beurteilung der Arbeitsbedingungen überlagern.

Berücksichtigt man die Eigenarten des Arbeitsverhältnisses, muss man einige zunächst erfreulich niedrige Werte bei den geringfügig Beschäftigten relativieren. Insofern bekommt die schon erhebliche Zahl an höheren (schlechteren) Werten bei den geringfügig Beschäftigten ein noch deutlicheres Gewicht.

Besorgnis erregend sind hingegen die Werte der Mini-Jobber bei den Fragen zum Gesundheitsschutz am Arbeitsplatz. Durch den Arbeitgeber ‚eher gut' informiert

---

[14] Rheinisch-Westfälisches Institut für Wirtschaftsforschung (RWI-Essen): Aspekte der Entwicklung der Minijobs Abschlussbericht 05.11.2004
[15] UNI Duisburg-Essen, Geringfügige Beschäftigungsverhältnisse, Aufsatz in: Das Wirtschaftsstudium 31, H 8/9, 2002
[16] so ist der steuerfreie Stundenlohn oftmals höher als der Netto-Lohn einer Normalarbeitskraft nach Abzug der Sozialabgaben und Steuern

fühlen sich deutlich weniger Mini-Jobber als Voll- oder Teilzeitkräfte. Teilweise fühlen sich weit über 50 % der geringfügig Beschäftigten von Maßnahmen zum Arbeits- und Gesundheitsschutz, z.B. hinsichtlich der Bereitstellung von PSA, Vorsorgeuntersuchungen oder Betreuung durch Sicherheitsfachkräfte, in den Betrieben nicht betroffen. Jeder vierten Frau und jedem dritten Mann ist eine betriebsärztliche Betreuung unbekannt.

Lediglich 23,9% der männlichen und 17,1% der weiblichen Mini-Jobber wussten, dass in ihrem Betrieb eine Gefährdungsbeurteilung durchgeführt worden ist. Gut ein Drittel der Mini-Jobber verneinte diese Frage und fast 50% der weiblichen geringfügig Beschäftigten wussten nicht, ob es in ihrem Betrieb eine Gefährdungsbeurteilung gibt.

Dies erklärt sich wohl auch aus dem Gutachten des RWI. Danach hat die Mehrheit der im März 2004 in Mini-Jobs Beschäftigten unmittelbar vor Aufnahme des derzeitigen Mini-Jobs nicht am Arbeitsmarkt partizipiert. Dieser Personenkreis hat daher nur eine geringe eigene Erfahrung in der Arbeitswelt und keine eigenen Kenntnisse zum Arbeitsschutz und der Sicherheit am Arbeitsplatz. Sie sind daher verstärkt auf Informationen durch ihren Arbeitgeber oder Dritte angewiesen.

Gerade die erhebliche Zunahme bei den geringfügig Beschäftigten spricht zumindest für die Notwendigkeit einer verstärkten Information dieser Beschäftigtengruppe und der Arbeitgeber über gesetzliche Regelungen und Ansprüche zum bzw. beim Arbeits- und Gesundheitsschutz. Die Umsetzung der Schutzmaßnahmen steht zwar zunächst in der Verantwortung der Unternehmensleitungen. Eine gezielte und verstärkte Überprüfung durch den staatlichen oder berufsgenossenschaftlichen Arbeitsschutz erscheint zumindest angezeigt.

Verzeichnis der Abkürzungen:

BGBl	Bundesgesetzblatt
EU	Europäische Union
EWG	Europäische Wirtschafts Gemeinschaft
idR	in der Regel
LDS	Landesamt für Datenverarbeitung und Statistik NRW
mglw.	möglicherweise
NRW	Nordrhein-Westfalen
RWI	Rheinisch-Westfälisches Institut der Wirtschaft
PSA	Persönliche Schutzausrüstung
Tsd.	Tausend
tw	teilweise
u.a	unter anderem
z.B.	zum Beispiel

Verzeichnis der Abbildungen:

Quellenverzeichnis:

- Landesamt für Datenverarbeitung und Statistik NRW, Sonderauswertung des Mikrozensus 2004 für NRW
- Minijob-Zentrale – Entwicklung und Status quo der geringfügigen Beschäftigung, Greve/Pfeiffer/Vennebusch in: RVaktuell 3/2007
- Minijob-Zentrale: Quartalsbericht für das 2. Quartal 2004
- Minijob-Zentrale: Quartalsbericht für das 3. Quartal 2004
- Minijob-Zentrale: Quartalsbericht für das 3. Quartal 2007
- Ministerium für Wirtschaft und Arbeit des Landes NRW: Arbeitswelt NRW 2004, Ergebnisse einer repräsentativen telefonischen Befragung von Arbeitnehmerinnen und Arbeitnehmern in NRW im Zeitraum 02.01.-31.01.2004
- Rheinisch-Westfälisches Institut für Wirtschaftsforschung (RWI-Essen): Aspekte der Entwicklung der Minijobs, Abschlussbericht 05.11.2004
- Richtlinie 89/391/EWG des Rates vom 12. Juni 1989 über die Durchführung von Maßnahmen zur Verbesserung der Sicherheit und des Gesundheitsschutzes der Arbeitnehmer bei der Arbeit
- Richtlinie 91/383/EWG des Rates vom 25. Juni 1991 zur Ergänzung von Maßnahmen zur Verbesserung der Sicherheit und des Gesundheitsschutzes von Arbeitnehmern mit befristetem Arbeitsverhältnis oder Leiharbeitsverhältnis
- UNI Duisburg-Essen, Geringfügige Beschäftigungsverhältnisse, Aufsatz in: Das Wirtschaftsstudium 31, H 8/9, 2002
- Zweites Gesetz für moderne Dienstleistungen am Arbeitsmarkt vom 23.12.2002 (BGBl. 2002, S. 4621)